Inhalt

**Branchenreport MARKETING & WERBUNG
Ausgabe 2/2010**

Kernthesen

Beitrag

Zahlen und Fakten

Weiterführende Literatur

Impressum

GENIOS BranchenWissen Nr. 11/2010 vom 09.11.2010

Branchenreport MARKETING & WERBUNG Ausgabe 2/2010

M.Hofstetter

Kernthesen

- Der deutsche Werbemarkt zeigt Zeichen nachhaltiger Erholung.
- Die deutschen Agenturen sind optimistisch für das laufende Jahr und auch für 2011.
- Nahezu alle Branchen haben den Werbedruck erhöht.
- In der Werbebranche stieg die Zahl der Jobangebote im ersten Halbjahr 2010 stark an.

Beitrag

Deutscher Werbemarkt verzeichnet nachhaltiges Bruttoplus

Die Erholung des deutschen Werbemarktes wird nachhaltiger. Laut Nielsen schloss das erste Quartal 2010 brutto gerechnet mit einem Ergebnis von plus 8,5 Prozent gegenüber dem entsprechenden Vorjahreszeitraum ab. Das zweite Quartal entwickelte sich mit einem Bruttowerbeplus von 10,3 Prozent noch eine Nuance besser. Grund waren die Impulse der Fußball-Weltmeisterschaft. Insgesamt wurden im ersten Halbjahr 2010 für Werbemaßnahmen in Deutschland, die sich direkt oder indirekt auf die Fußball-Weltmeisterschaft 2010 bezogen, 296 Millionen Euro investiert. Das entsprach einem Anteil von 2,6 Prozent am gesamten Bruttowerbedruck der Above-the-Line-Medien. Die offiziellen Fifa-Partner und Sponsoren investierten davon insgesamt rund 60 Millionen Euro. Der weitaus größere Anteil floss aus den Werbekassen der Marken, die Fußball und Weltmeisterschaft für Ambush-Kampagnen nutzten, um ihre Produkte zu vermarkten.

So ist es kein Wunder, dass bis Ende Juli 2010, das heißt kurz nach der Weltmeisterschaft, das Plus auf dem Werbemarkt leicht auf 9,5 Prozent geschrumpft ist, um sich bis Ende August 2010 wieder auf ein Plus von 10,3 Prozent zu erholen. Knapp 13,5 Milliarden Euro investierten die Unternehmen zwischen Januar und August in klassische Werbung. Das meiste Geld floss mit 6,2 Milliarden Euro in das Fernsehen, das mit einem Plus von 16,1 Prozent gegenüber den ersten acht Monaten 2009 auch das zweitstärkste Wachstum verzeichnete. Das größte Brutto-Plus verbuchte mit 35,4 Prozent das Internet. Knapp 1,4 Milliarden Euro steckten die Werbungtreibenden ins Netz. Zwischen TV und Internet liegen die Zeitungen und Publikumszeitschriften mit Einnahmen von 3,3 Milliarden Euro beziehungsweise 2,2 Milliarden Euro. Die Nielsen-Zahlen basieren auf den offiziellen Preislisten der Vermarkter. Da Rabatte und Sonderkonditionen nicht berücksichtigt werden, geben die Bruttozahlen keinen Aufschluss über die tatsächliche Umsatzentwicklung einzelner Mediengattungen. [1], [2], [3], [4], [15]

Weltweiter Werbemarkt soll stärker wachsen als der deutsche

Weltweit investierte die werbungtreibende Wirtschaft im ersten Quartal 2010 in den großen Werbemärkten brutto 110 Milliarden Dollar. Das geht aus einer Erhebung von Nielsen Global Adview hervor. Darin sind die Ergebnisse der Nielsen-Institute weltweit zusammengefasst. Insbesondere bei Werbungtreibenden in den Branchen Finanzdienste und Automobil, die von der Rezession besonders betroffen waren, zeigten sich wieder verstärkt Aktivitäten. Den größten Zuwachs verzeichneten die Forscher in Lateinamerika. In Brasilien legten die Spendings für Werbung in Zeitungen, Magazinen, TV und Hörfunk um 55 Prozent zu, in Mexiko um 43 Prozent, in Argentinien um 35 Prozent.

Die Werbeausgaben in den USA steigerten sich im Jahresvergleich um vier Prozent. Südafrika konnte nicht zuletzt von der Fußball-Weltmeisterschaft profitieren. Das Wachstum betrug dort 18 Prozent. Unter den fünf größten europäischen Märkten verzeichnete Frankreich mit plus elf Prozent das größte Werbewachstum. Wie bereits erwähnt kam Deutschland auf plus 8,5 Prozent, gleichauf liegt Großbritannien. Italien verzeichnete ein Plus von fünf Prozent. Nur in Spanien fiel die Werbemarktbilanz mit minus drei Prozent weiter negativ aus.

PricewaterhouseCoopers rechnet im laufenden Jahr immerhin mit einem globalen Nettoplus auf dem Werbemarkt von einem Prozent. Laut ZenithOptimedia sollen es weltweit 3,5 Prozent sein.

Der deutsche Werbemarkt soll netto um zwei Prozent wachsen. Diese letzte Zahl ist, verglichen mit den Bruttozahlen von Nielsen, ein Hinweis auf die Größe der Brutto-Netto-Schere bei den Werbeausgaben. (5), (6)

Agenturen blicken optimistisch in die Zukunft

Umsatzeinbußen von durchschnittlich 5,1 Prozent mussten die deutschen Agenturen im vergangenen Jahr hinnehmen. Diese Zahl ermittelte der Gesamtverband Kommunikationsagenturen GWA. Und noch lässt sich nicht absehen, inwieweit und vor allem wie nachhaltig die Kommunikationsdienstleister vom neuen Wirtschaftsboom profitieren werden. Aber es gibt Vorboten. Die Zahlen der Business-to-Business-Agenturen weisen wieder nach oben. Deren Geschäftsentwicklung dient als Gradmesser für die gesamte Branche. Laut einer Umfrage von W&V unter 35 B-to-B-Spezialisten gehen die Firmenchefs für das laufende Jahr von einem durchschnittlichen Umsatzplus von sieben Prozent aus. Angesichts des drastischen Einbruchs ergibt das bei einigen unter dem Strich aber immer noch ein Minus.

Auch laut des aktuellen GWA Herbstmonitors

können Deutschlands Agenturen aufatmen. Laut der Umfrage erwarten 74 GWA-Agenturchefs für das Jahr 2010 ein Umsatzplus von 6,2 Prozent. Die Rendite hat sich gegenüber dem Vorjahr um 31 Prozent erhöht. Im Frühjahr hatten die Agenturmanager noch ein Umsatzplus von 3,3 Prozent prognostiziert. Mit Blick auf 2011 erwarten 77 Prozent der GWA-Agenturchefs noch einmal steigende Umsätze. Die Prognose für das durchschnittliche Umsatzwachstum liegt bei 5,2 Prozent. (7), (17), [Abb. 1]

Die zehn größten Mediaagenturen

Erst Ende September 2010 hat das Pariser Recma-Institut das Ranking der größten deutschen Mediaagenturen 2009 herausgegeben. Die Veröffentlichung hatte sich verzögert, nachdem einige Agenturen Kritik angemeldet hatten. Dabei ging es um die Ermittlung der Online-Umsätze sowie den sogenannten "Deflator", mit dem Recma pauschal 35 Prozent von den Bruttospendings abzieht, um näher an die Nettozahlen zu kommen.

An der Spitze der Top 10 steht Mediacom. Gewinner des Rankings sind OMD und MEC (früher Mediaedge CIA). Für sie steht ein Plus von sieben beziehungsweise acht Prozent in der Liste. Auch 2010 weiter auf Wachstumskurs ist die Zenith-Optimedia-

Gruppe (Vivaki). Zu dem Plus von fünf Prozent aus 2009 kommen unter anderem durch die Gewinne der Etats von O2 und der Postbank noch einmal rund 120 Millionen Euro hinzu. Größter Verlierer ist Carat, für die Agentur meldet Recma ein Minus von 13 Prozent. (16), [Abb. 2]

Agenturen stellen wieder ein

Die aktuellen Zahlen des Zentralverbands der deutschen Werbewirtschaft (ZAW) weisen auf eine durchgreifende Erholung am Arbeitsmarkt hin. Demnach stiegen die Jobofferten in der Werbebranche im ersten Halbjahr 2010 um 31 Prozent. Die Medien stockten ihr Angebot um 30 Prozent auf, die Agenturen - die wichtigsten Arbeitgeber der Branche - gar um 46 Prozent. Nur die Unternehmen standen weiter auf der Bremse und reduzierten ihre Stellenangebote noch mal um sieben Prozent - was ein Schlaglicht darauf wirft, welches Standing das Marketing in den Unternehmen derzeit genießt. Doch das Plus kommt von einem niedrigen Niveau des Vorjahres zustande: Im ersten Halbjahr 2009 war die Suche nach Werbefachleuten um 37 Prozent abgesackt. Bedenklich ist, dass in fast jeder dritten von den Werbeagenturen geschalteten Stellenanzeigen ein Praktikant gesucht wird.

Dabei stecken zahlreiche Agenturen in Personalnöten - auch aus eigenem Verschulden. Sie haben zu wenig in die Ausbildung und Förderung von Mitarbeitern investiert. Nachwuchskräfte, die in der Lage wären, die komplexen und führungsintensiven Aufgaben zu bewältigen, die die heutige Kommunikationswelt stellt, sind kaum zu finden. Grund für dieses Vakuum ist, dass der Führungsnachwuchs etwa von 2003 bis 2005 nicht aufgebaut wurde. Das Mittelfeld ist deshalb in vielen Agenturen viel zu dünn besetzt. Auch gibt es laut GWA einen dramatischen Mangel an Nachwuchskräften mit Onlinekompetenz. Die Ausbildungssituation in diesem Bereich wird als verheerend angesehen. Ein Mittel zur Behebung der Misere sieht der GWA in neuen Studiengängen, die gleichermaßen Online- und Kommunikationskompetenz vermitteln. (8), (9), (10)

Die meisten Branchen erhöhen Werbedruck

Nahezu alle Branchen haben laut Nielsen in diesem Jahr den Werbedruck erhöht. Von den Top-50-Warengruppen haben nur zwölf ihre Werbeinvestitionen verringert. Die Spitze der Ausgabenkürzer führen nach sieben Monaten von Januar bis Juli 2010 die Versicherungen an. Um rund zwölf Prozent auf 179,5 Millionen Euro haben die

Assekuranzen ihre Ausgaben reduziert. Mit derzeit knapp 89 Millionen Euro an Spendings liegen die Fluglinien auf Platz zwei, gefolgt von den Telekommunikationsunternehmen, die ihre Werbung für Festnetzanschlüsse um knapp zehn Prozent reduziert haben.

Zu den Sorgenkindern zählt auch die Autobranche. Im Jahr eins nach der Abwrackprämie haben Premiumhersteller, Volumenhersteller und Importeure in den ersten sieben Monaten 2010 794 Millionen Euro investiert. Das ist gegenüber dem Vorjahr ein Minus von 4,6 Prozent. Zum Vergleich: Im Januar 2010 lagen die Ausgaben noch ein Prozent über denen des Januar 2009. Von den Top-Ten-Spendern der Branche haben gerade mal drei Hersteller ihre Spendings erhöht - Volkswagen, Mercedes und Opel. Um rund 70 Prozent hat Daimler allein für Mercedes die Spendings hochgefahren.

Auch der Handel ist im Minus. Knapp 1,2 Milliarden Euro oder rund 1,6 Prozent weniger haben Aldi, Rewe und Co bislang für Anzeigen ausgegeben. Vor allem die Discountkönige waren insgesamt sparsamer als im Vorjahr. Bei Aldi machte sich nach wie vor der Anzeigenstopp-Test der Südschiene in Baden-Württemberg bemerkbar, bei Lidl der Ausstieg aus der TV-Werbung.

Die Hersteller schnelldrehender Konsumgüter (FMCG) blätterten von Januar bis Juli im Vergleich zum Vorjahreszeitraum 3,3 Milliarden Euro für Werbung hin, das entspricht einem Plus von 13 Prozent gegenüber dem Vorjahresniveau. Im Gegensatz zum Festnetz liefern sich Telekom, Vodafone und Discounter wie Base, Fonic und Congstar eine Werbeschlacht um die Mobilfunkkunden. Um 15,8 Prozent auf rund 288 Millionen Euro sind hier die Investitionen geklettert. (1), (13)

Top 10 der werbungtreibenden Unternehmen

Welche Unternehmen investierten bis Ende August 2010 am meisten in Werbung? Mit Procter & Gamble hat sich ein FMCG-Riese an die Spitze der Werbungtreibenden gesetzt. Knapp 330 Millionen Euro investierte das Unternehmen und verwies damit die Elektrogruppe Media-Saturn (308,4 Millionen) und Aldi (248,8 Millionen) auf die Plätze. Ebenfalls über die 200-Millionen-Euro-Marke kamen Unilever, Ferrero und LOreal, Axel Springer scheiterte knapp daran. Lidl steckte trotz eines Minus von rund 25 Prozent immer noch 153,5 Millionen Euro in die Werbung. Die Top 10 schließen die Edeka Zentrale und Volkswagen ab.

Bei den am stärksten beworbenen Einzelmarken dominierten die Discount-Konkurrenten Aldi und Lidl sowie die Elektro-Schwestern Media-Markt und Saturn. (15), [Abb. 3]

Trends

Wichtigstes Ziel der Werbungtreibenden ist Kundenbindung

Für Werbungtreibende stehen an der Spitze des Bedeutungszuwachses laut Bauer Media weiterhin Ziele wie Kundenbindung, Markentreue und Glaubwürdigkeit. Vor allem Kundenbindung ist für die Unternehmen außerordentlich wichtig. Die herausragende Bedeutung dieses Werbeziels zeigt sich auch bei der Frage, welche Kriterien in Zukunft bei der Medienauswahl besonders wichtig sein werden. Die Antwort: Zielgruppenaffinität, Medienvernetzung, Dialogfähigkeit und Personalisierung. (11)

Smartphone bringt Mobile

Commerce voran

Mit dem Smartphone-Markt kommen auch das mobile Internet und der mobile Einkauf endlich in Schwung. Rund zwei Drittel der Smartphone-Nutzer gehen regelmäßig mobil online. Das geht aus der Studie Mobile Commerce Insights 2010 hervor. Die Partner Denkwerk, Phaydon Research + Consulting und Interrogare befragten dafür 927 Smartphone-Nutzer. Rund zwei Drittel der Befragten gaben an, mobil Preise zu vergleichen, 56 Prozent kaufen über das Handy ein. Klassische E-Commerce-Produkte laufen auch mobil gut: So haben 59 Prozent der Befragten Bücher gekauft, 55 Prozent Musik. Die Hälfte geht dabei meist über den Browser in das Internet. Das zeigt die Bedeutung optimierter Mobile Shops. Experten sehen den Markt 2014 bei einem Volumen von 300 Millionen Euro. (12)

Familien offen für Schulhof-Marketing

Nachdem Werbungtreibende und Familien jahrelang hitzig über die Vermarktung auf Schulhöfen debattiert haben, kommt es laut einer Umfrage von HORIZONT nun zu einer Trendwende: 47,3 Prozent aller Befragten und sogar 61,5 Prozent der Familien stimmen der Marketingstrategie zu, die es ermöglicht, günstigere Produkte rund um den Schulalltag zu erhalten, wenn sie durch Werbung finanziert sind. Ein uneinheitlicheres Bild zeigt sich hingegen hinsichtlich der Akzeptanz von Werbung in Kindermedien: Sowohl bei Zeitschriften als auch bei Fernsehsendungen und Internetangeboten zeichnet sich eine leicht wohlwollende Tendenz ab, denn 42,2 Prozent stören sich nicht an Werbung in Printprodukten für junge Zielgruppen. Kritisch sehen das dagegen 31,8 Prozent. Bei den Befragten mit Kindern unter 14 Jahren im Haushalt relativiert sich der beobachtete Trend jedoch: Nur 35 Prozent lehnen Werbung ab, 33 Prozent haben kein Problem damit. Keine Einwände gegen kommerzielle Medienbotschaften an die Kleinen haben die Befragten, die auch für Schulhofmarketing offen sind. Mit 47,9 Prozent gegenüber 27,8 Prozent stören sie sich nicht daran. (14)

Zahlen & Fakten

Abbildung 1: Frühindikator B-to-B-Agenturen: Aufschwung seit Jahresbeginn

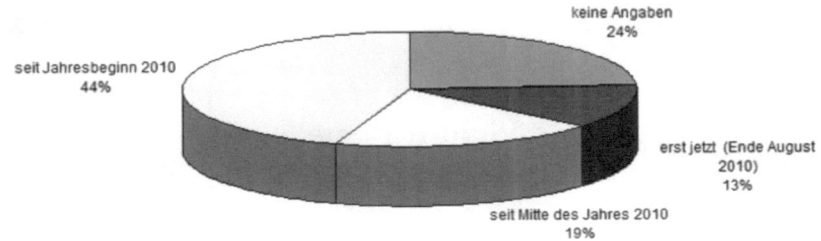

Quelle: W&V Entnommen aus: werben & verkaufen 34/2010, S. 30, (7)

Abbildung 2: Die zehn größten deutschen Mediaagenturen

Rang	Agentur	Holding/Gruppe	Billings in Mio. Euro 2009	Veränderung zum Vorjahr in %	Marktanteil in Prozent
1	Mediacom	WPP/Group M	2 830	-1	20,9
2	OMD	Omnicom Media Group	2 079	7	15,4
3	Carat	Aegis Media	1 479	-13	11,3
4	Mindshare	WPP/Group M	1 130	-2	8,4
5	MEC	WPP/Group M	1 117	8	8,3
6	Mediaplus	Serviceplan	932	0	6,2
7	Zenith Media	Publicis/Vivaki	676	5	5
8	Optimedia	Publicis/Vivaki	556	5	4,1

| 8 | Vizeum* | Aegis Media | 556 | -3 | 4,1 |
| 10 | Universal McCann | IPG/Mediabrands | 447 | -2 | 3,3 |

* inkl. HMS und Dr. Pichutta Quelle: Recma, Stand September 2010 Entnommen aus: HORIZONT 39/2010, S. 6, (16)

Abbildung 3: Die zehn größten Werbungtreibenden bis Ende August 2010

Unternehmen	Ausgaben Jan. - Aug. 2010*	Veränderung zu Jan. - Aug. 2009**
Procter & Gamble, Schwalbach	329,9	55,4
Media-Saturn-Holding, Ingolstadt	308,4	14,1
Aldi, Mühlheim	248,8	-4,5
Unilever, Hamburg	220,5	16,1
Ferrero, Frankfurt	204,5	23,3
LOreal, Düsseldorf	202,1	3,2
Axel Springer, Hamburg	199,6	20,4
Lidl, Neckarsulm	153,5	-25,4
Edeka Zentrale, Hamburg	149,7	6,9
Volkswagen, Wolfsburg	139,2	0,4

* Angaben in Millionen Euro ** Angaben in Prozent
Quelle: Nielsen Entnommen aus: HORIZONT 37/2010,
S. 27, (15)

Weiterführende Literatur

(1) Anklang eines Sommerhits
aus HORIZONT 33 vom 19.08.2010 Seite 016

(2) Discounter werben deutlich weniger
aus Lebensmittel Zeitung 28 vom 16.07.2010 Seite 035

(3) Spendings steigen zweistellig
aus werben & verkaufen Nr. 36 vom 09.09.2010, S. 9

(4) Werbemarkt in Sommerlaune
aus HORIZONT 28 vom 15.07.2010 Seite 020

(5) Werbemarkt-Prognose
aus W&V Media Nr. 09 vom 25.08.2010, S. 39

(6) Werbemärkte erholen sich
aus Der Kontakter Nr. 29 vom 19.07.2010, S. 30

(7) Das Ende der Dienstleisterkrise ?
aus werben & verkaufen Nr. 34 vom 26.08.2010, S. 30

(8) Digitale Werber verzweifelt gesucht
aus HORIZONT 31 vom 05.08.2010 Seite 001

(9) Ohne Nachwuchs keine Zukunft
aus HORIZONT 25 vom 24.06.2010 Seite 017

(10) Kreativen schwirrt der Kopf
aus HORIZONT 31 vom 05.08.2010 Seite 019

(11) Käuferbindung als höchstes Ziel
aus HORIZONT 31 vom 05.08.2010 Seite 016

(12) Mobile Commerce in Bewegung
aus werben & verkaufen Nr. 36 vom 09.09.2010, S. 8

(13) Bei FMCG dominieren TV-Spots
aus Lebensmittel Zeitung 33 vom 20.08.2010 Seite 040

(14) IM FOKUS WERBUNG
aus HORIZONT 32 vom 12.08.2010 Seite 024

(15) EXKLUSIV NIELSEN WERBETREND -
Werbemarkt legt weiter zu
aus HORIZONT 37 vom 16.09.2010 Seite 027

(16) OMD macht etwas Boden gut
aus HORIZONT 39 vom 30.09.2010 Seite 006

(17) Der Optimismus festigt sich
aus HORIZONT 40 vom 07.10.2010 Seite 025

Impressum

Branchenreport MARKETING & WERBUNG Ausgabe 2/2010

Bibliografische Information der deutschen Nationalbibliothek

Die Deutsche Nationalbibliothek verzeichnet diese Publikation in der deutschen Nationalbibliografie; detaillierte bibliografische Daten sind im Internet über http://dnb.d-nb.de abrufbar.

ISBN: 978-3-7379-1890-9

© 2015 GBI-Genios Deutsche Wirtschaftsdatenbank GmbH, Freischützstraße 96, 81927 München, www.genios.de

Alle Rechte vorbehalten. Dieses Werk ist einschließlich aller seiner Teile – z.B. Texte, Tabellen und Grafiken - urheberrechtlich geschützt. Jede Verwertung außerhalb der Grenzen des Urheberrechtsgesetzes bedarf der vorherigen Zustimmung des Verlags. Dies gilt insbesondere auch für auszugsweise Nachdrucke, fotomechanische Vervielfältigungen (Fotokopie/Mikroskopie), Übersetzungen, Auswertungen durch Datenbanken oder ähnliche Einrichtungen und die Einspeicherung und Verarbeitung in elektronischen Systemen.